차례

손오공과 함께 하는 마법 한자 1

★ 한자의 뜻과 소리를 써 보세요.

솜씨 있게! 예) 장인 공

녹여라!
쇠 녹일 용
鎔!

나와라, 망치!

녹여라!

붙잡아라!

굴복해라!

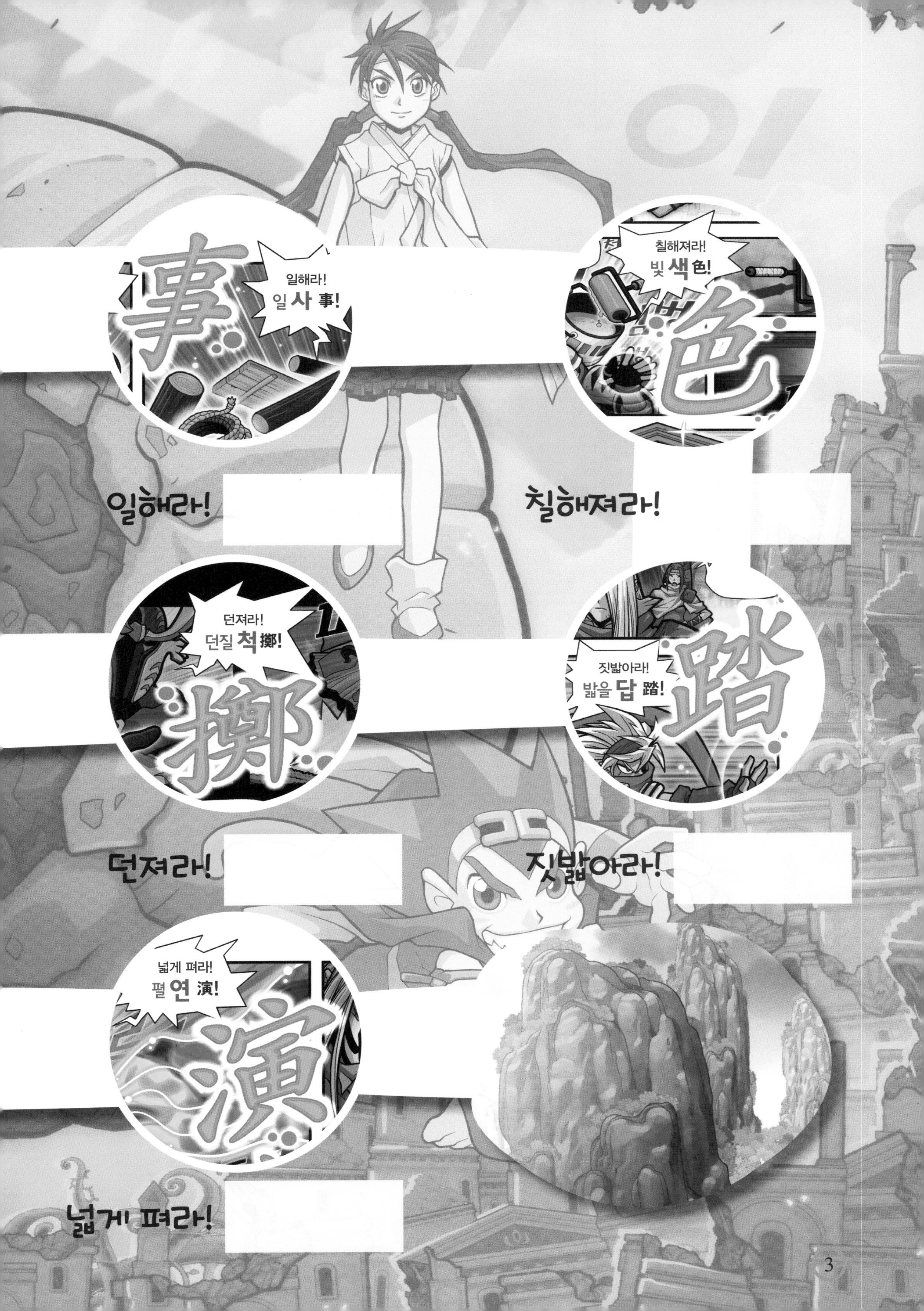

일해라!
일 사 事!
칠해져라!
빛 색 色!
일해라!
칠해져라!
던져라!
던질 척 擲!
짓밟아라!
밟을 답 踏!
던져라!
짓밟아라!
넓게 펴라!
펼 연 演!
넓게 펴라!

▶ 한자마법을 따라 써 보세요.

솜씨 있게! 장인 공 工!

솜씨 있게! 장인 공 工!

한자능력검정시험급수 7급	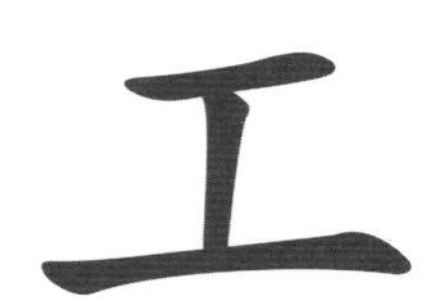	기술자가 사용하는 공구(工具)를 본뜬 모양에서, '연장', '기술자', '공작하다'의 뜻을 나타낸다. 工부의 0획 총 3획	
	장인 **공**	필순 工 工 工	

▶ 올바른 필순에 따라 써 보세요.

工	工	工	工					
장인 공								

工이 쓰인 낱말

공사(工事) – 건축· 제작 등에 관한 일

공장(工場) – 원료나 재료를 가공하여 물건을 만들어 내는 설비를 갖춘 곳

▶ 工이 쓰인 낱말을 써 보세요.

工事	工事		
공사			

工場	工場		
공장			

▶ 다음 한자는 工과 같은 소리를 내는 한자예요.

공 – 空 빌 **공** – 公 공평할 **공** – 共 한가지 **공**

空 빌 **공**	뜻 : 연장이라는 뜻을 지니면서 음을 나타내는 工(공)과 구멍을 뜻하는 穴(혈)이 합한 글자로, 공구 등으로 꿰뚫은 구멍을 보고 '비다', '공허하다'라는 뜻을 나타낸다. 空
公 공평할 **공**	뜻 : 통로의 모양을 본뜬 八(팔)과 어떤 특정한 장소를 나타내는 口(구)를 합하여, 제사를 지내는 광장을 뜻하며 더 나아가 '공공'의 뜻을 나타낸다. 公
共 한가지 **공**	뜻 : 큰 물건을 뜻하는 口(구)와 양손을 뜻하는 廾(공)을 합하여, 양손으로 큰 물건을 바치는 것을 나타내는 데서 '물건을 바치다', '일을 함께 하다'의 뜻을 나타낸다. 共

엄마, 아빠와 함께 하는 한자 연습장

월 일

아빠 확인	엄마 확인

마법천자문

▶ 한자마법을 따라 써 보세요.

일해라! 일 사 事!

한자능력검정시험급수 7급

事

일 사

제사에 종사하는 사람이 신에 대한 기원을 쓴 뒤, 나뭇가지에 맨 팻말을 손으로 든 모양을 본떠, '일', '섬기다'의 뜻을 나타낸다.

亅부의 7획 총 8획

필순

▶ 올바른 필순에 따라 써 보세요.

事

일 사

엄마, 아빠와 함께 하는
한자 연습장

월 일

아빠 확인 | 엄마 확인

마법천자문

事가 쓰인 낱말

사건(事件) – 문제가 될 만한 일, 또는 일거리

사리(事理) – 일의 이치

▶ 事가 쓰인 낱말을 써 보세요.

事件	事件		
사건			

事理	事理		
사리			

▶ 다음 한자는 事와 같은 소리를 내는 한자예요.

사 — 四 넉 사 — 士 선비 사 — 巳 뱀 사

四 넉 **사**	뜻 : 입안의 치아나 혀가 보이는 모양을 본떠 '숨'의 뜻을 나타냈었으나, 이를 빌려 숫자 '넷'을 표시하는 데 쓰이게 되었다. 四
士 선비 **사**	뜻 : 하나(一)를 배우면 열(十)을 깨우치는 사람이라는 데서 '선비'를 뜻한다. 士
巳 뱀 **사**	뜻 : 뱀이 몸을 똬리처럼 동그랗게 감아 꼬리를 드리우고 있는 모양을 본뜬 글자이다. 巳

엄마, 아빠와 함께 하는
한자 연습장

월 일

아빠 확인	엄마 확인

▶ 한자마법을 따라 써 보세요.

칠해져라! 빛 색 色!

한자능력검정시험급수 7급

色

빛 색

무릎을 꿇은 사람의 모양을 본뜬 卩(절)과 사람을 나타내는 人(인)이 결합되어, '남녀 간의 사랑'의 뜻을 나타내며, '사랑으로 홍조를 띤 얼굴', 더 나아가 '아름다운 낯빛', '색깔', '채색'의 뜻을 나타낸다.

色부의 0획 총 6획

필순 色 色 色 色 色 色

▶ 올바른 필순에 따라 써 보세요.

色	色	色	色	色	色	色		
빛 색								

色이 쓰인 낱말

색색(色色) – 여러 가지 색깔
색소(色素) – 물체의 색이 나타나도록 해 주는 성분

▶ 色이 쓰인 낱말을 써 보세요.

▶ 다음 한자는 色과 같은 소리를 내는 한자예요.

색 — 索 찾을 색 — 嗇 아낄 색 — 塞 막힐 색

索 찾을 **색**	뜻 : '집에서 두 손으로 새끼를 꼬다'는 의미에서 '새끼줄'을 뜻하는데, 줄이 연결되어 있다는 의미에서 '찾다, 구하다'의 뜻도 생겨났다. 索
嗇 아낄 **색**	뜻 : 보리의 모양을 본뜬 來(래)와 창고를 뜻하는 㐭(름)을 합하여, 수확하여 창고에 집어넣다는 의미에서 '아끼다'의 뜻이 생겨났다. 嗇
塞 막힐 **색**	뜻 : 뜻을 나타내는 土(토)에 음을 나타내는 '색'을 더하여 '흙으로 막다'의 뜻을 나타낸다. 塞

▶ 한자마법을 따라 써 보세요.

나와라, 망치! 망치 퇴 槌!

한자능력검정시험급수 1급

槌

망치 **퇴, 추**

椎(추)와 통하여 '쇠몽둥이'를 뜻하는 追(추)와 木(목)이 결합되어 '나무망치', '망치'의 뜻을 나타낸다.

木부의 10획 총 14획

필순

▶ 올바른 필순에 따라 써 보세요.

槌
망치 퇴, 추

엄마, 아빠와 함께 하는
한자 연습장

월 일

아빠 확인	엄마 확인

마법천자문

槌가 쓰인 낱말

철퇴(鐵槌) – 옛날 병사들이 쓰던 무기 중의 하나로, 끝이 둥그렇고 울퉁불퉁한 쇠몽둥이

퇴격(槌擊) – 방망이나 쇠뭉치로 침

▶ 槌가 쓰인 낱말을 써 보세요.

鐵槌	鐵槌		
철퇴			

槌擊	槌擊		
퇴격			

▶ 다음 한자는 槌와 같은 소리를 내는 한자예요.

퇴 – 退 물러날 **퇴** – 頹 무너질 **퇴** – 堆 쌓을 **퇴**

退	뜻 : 옛날에 벼슬아치가 관청에서 물러나서 집에 돌아와 밥을 먹는 모양을 나타내어, '물러나다'의 뜻을 나타낸다.						
물러날 **퇴**	退						

頹	뜻 : '털이 빠지다' 뜻인 禿(독)을 더하여 '벗어져 없어지다', '쇠퇴하다'의 뜻을 나타낸다.						
무너질 **퇴**	頹						

堆	뜻 : 뜻을 나타내는 土(토)와 음을 나타내는 隹(퇴)가 합하여 '흙무더기'의 뜻을 나타낸다.						
쌓을 **퇴**	堆						

▶ 한자마법을 따라 써 보세요.

녹여라! 쇠 녹일 용 鎔!

한자능력검정시험급수 2급	鎔	'물건을 받아들이다'는 뜻의 容(용)과 쇠를 뜻하는 金(금)이 합하여, '금속을 녹여 부어 넣는 거푸집', '쇠를 녹이다'의 뜻을 나타낸다. 金부의 10획 총 18획	
	쇠 녹일, 거푸집 용	필순	

▶ 올바른 필순에 따라 써 보세요.

鎔

쇠 녹일, 거푸집 용

鎔이 쓰인 낱말

용광로(鎔鑛爐) – 높은 온도로 광석을 녹여 쇠붙이를 만들어 내는 가마
용해(鎔解) – 금속이 녹거나 녹이는 일

▶ 鎔이 쓰인 낱말을 써 보세요.

鎔	鑛	爐	鎔	鑛	爐			
용광로								

鎔	解	鎔	解				
용해							

▶ 다음 한자는 鎔과 같은 소리를 내는 한자예요.

용 — 用 쓸 용 — 勇 날랠 용 — 容 얼굴 용

用	뜻 : '물건을 속에 넣는다'는 뜻에서 '꿰뚫고 나가다', '물건을 쓰다', '일이 진행되다'의 뜻을 나타낸다.						
쓸 용	用						

勇	뜻 : '힘'을 뜻하는 力(력)과 무거운 종의 모양을 본뜬 甬(용)을 합하여 무거운 물건을 들어 올리는 힘을 나타내며, '씩씩하다', '용맹하고 사납다'의 뜻을 나타낸다.						
날랠 용	勇						

容	뜻 : 집 안을 나타내는 宀(면)과 谷(곡)이 합하여, 큰 집에 많은 물건을 담아 넣는 것처럼 많은 표정을 담을 수 있는 '얼굴'을 뜻한다.						
얼굴 용	容						

엄마, 아빠와 함께 하는
한자 연습장

월 일

아빠 확인	엄마 확인

마법천자문

▶ 한자마법을 따라 써 보세요.

던져라! 던질 척 擲!

한자능력검정시험급수 1급	擲 던질 척	擿(척)과 통하여 '던지다'를 뜻하는 鄭(정)에 手(수)가 더해져, '내던지다'의 뜻을 나타낸다. 手(扌)부의 15획 총 18획 필순

▶ 올바른 필순에 따라 써 보세요.

擲
던질 척

엄마, 아빠와 함께 하는

한자 연습장

월 일

아빠 확인	엄마 확인

마법천자문

擲이 쓰인 낱말

척사(擲柶) – 윷, 윷놀이

투척(投擲) – 무거운 물건 등을 던짐

▶ 擲이 쓰인 낱말을 써 보세요.

擲柶	擲柶		
척사			

投擲	投擲		
투척			

▶ 다음 한자는 擲과 같은 소리를 내는 한자예요.

척 — 尺 자 **척** — 拓 넓힐 **척** — 斥 내칠 **척**

尺 자 **척**	뜻 : 사람을 옆에서 본 모양을 본떠, 걸음을 걸을 때 두 발 사이의 길이, 즉 보폭만큼의 길이의 단위를 나타낸다.					
	尺					
拓 넓힐 **척**	뜻 : '손'을 뜻하는 扌(수)와 '사방으로 흩어지게 하다'는 뜻인 石(석)과 합하여 '토지를 고르게 개척하다'의 뜻을 나타낸다.					
	拓					
斥 내칠 **척**	뜻 : 도끼로 나무를 쪼개는 모양을 본뜬 글자로 '내치다'의 뜻을 나타낸다.					
	斥					

▶ 한자마법을 따라 써 보세요.

짓밟아라! 밟을 답 踏!

한자능력검정시험급수 3급	踏	'겹치다'의 뜻의 沓(답)과 足(족)이 합하여 '밟다', '제자리 걸음을 하다'의 뜻을 나타낸다. 足부의 8획 총 15획	
	밟을 답	필순 踏 踏 踏 踏 踏 踏 踏 踏 踏 踏 踏 踏 踏 踏 踏	

▶ 올바른 필순에 따라 써 보세요.

踏 밟을 답	踏	踏	踏	踏	踏	踏	踏	踏
踏	踏	踏	踏	踏	踏	踏		

踏이 쓰인 낱말

답습(踏襲) – 예로부터 하던 행위를 그대로 행함

답보(踏步) – 제자리걸음, 상태가 앞으로 나아가지 못하고 같은 자리에 머무르는 일

▶ 踏이 쓰인 낱말을 써 보세요.

踏 襲	踏 襲		
답습			

踏 步	踏 步		
답보			

▶ 다음 한자는 踏과 같은 소리를 내는 한자예요.

답 — 答 대답 **답** — 畓 논 **답** — 沓 겹칠 **답**

答 대답 **답**	뜻 : 대나무를 나타내는 竹(죽)과 合(합)을 합한 글자로, 종이가 없던 때에 사용하였던 대나무에 편지 내용을 써서 회답한다고 하여 '대답하다'를 뜻한다.
	答

畓 논 **답**	뜻 : '밭'을 뜻하는 田(전)과 '물'을 뜻하는 水(수)가 합하여 밭에 물을 대는 것을 나타내며 '논'을 뜻한다.
	畓

沓 겹칠 **답**	뜻 : 曰(왈)과 水(수)가 합하여 물이 흐르는 것처럼 '막힘없이 이야기하다'라는 뜻을 나타낸다.
	沓

엄마, 아빠와 함께 하는
한자 연습장

월 일

아빠 확인	엄마 확인

▶ 한자마법을 따라 써 보세요.

붙잡아라! 붙잡을 나 拿!

한자능력검정시험급수 1급

拿

붙잡을 나

'손'을 뜻하는 手(수)와 '합하다'의 뜻인 合(합)이 결합하여 '손을 물건에 가까이 갖다 대어 모아서 잡다'의 뜻을 나타낸다.

手부의 6획 총 10획

필순 拿 拿 拿 拿 拿 拿 拿 拿 拿 拿

▶ 올바른 필순에 따라 써 보세요.

拿

붙잡을 나

拿가 쓰인 낱말

나포(拿捕) – 죄인을 붙잡음

▶ 拿가 쓰인 낱말을 써 보세요.

拿捕	拿捕		
나포			

▶ 다음 한자는 拿와 같은 소리를 내는 한자예요.

나 — 那 어찌 **나** — 儺 푸닥거리 **나** — 懦 나약할 **나**

那 어찌 **나**	뜻 : 뜻을 나타내는 阝(부)와 음을 나타내는 冉(염→나)를 합친 글자로, 음만 빌려서 '어찌'의 뜻을 나타낸다. 那
儺 푸닥거리 **나**	뜻 : '사람'을 뜻하는 人(인)과 '태워 없애다', '재앙'의 뜻인 難(난)을 합하여, '사람의 손으로 재앙을 몰아내다'의 뜻을 나타낸다. 儺
懦 나약할 **나**	뜻 : '마음'을 뜻하는 心(심)과 '부드럽다'의 뜻을 나타내는 需(유)를 합하여, '마음이 부드럽고 약하다'의 뜻을 나타낸다. 懦

엄마, 아빠와 함께 하는
한자 연습장

월 일

아빠 확인	엄마 확인

마법천자문

▶ 한자마법을 따라 써 보세요.

굴복해라! 굽힐 굴 屈!

한자능력검정시험급수 4급	屈	'우묵한 형상'을 뜻하는 出(출)과 '꼬리'를 뜻하는 尾(미)가 합하여 '짐승이 움푹 팬 곳에 꼬리를 구부려 넣는 모양'에서 '굽힘'의 뜻을 나타낸다. 尸부의 5획 총 8획	
	굽힐 **굴**	**필순** 屈 屈 屈 屈 屈 屈 屈 屈	

▶ 올바른 필순에 따라 써 보세요.

屈 굽힐 굴	屈	屈	屈	屈	屈	屈	屈	屈

엄마, 아빠와 함께 하는

한자 연습장

월 일

아빠 확인	엄마 확인

마법천자문

屈이 쓰인 낱말

굴복(屈服) – 힘이라 모자라 복종함
굴곡(屈曲) – 이리저리 굽어 꺾여 있음

▶ 屈이 쓰인 낱말을 써 보세요.

屈	服	屈	服				
굴복							

屈	曲	屈	曲				
굴곡							

▶ 다음 한자는 屈과 같은 소리를 내는 한자예요.

굴 — 窟 굴 굴 — 掘 팔 굴 — 倔 굳셀 굴

窟	뜻 : '구멍'을 나타내는 穴(혈)과 '굽힘'의 뜻을 나타내는 屈(굴)이 합하여, 몸을 굽히고 들어가는 구멍이라고 하여 '굴'의 뜻을 나타낸다.						
굴 굴	窟						

掘	뜻 : '손'을 뜻하는 手(수)와 '후벼파다'의 뜻을 나타내는 屈(굴)이 합하여, '허리를 굽혀서 구멍을 파다'의 뜻을 나타낸다.						
팔 굴	掘						

倔	뜻 : '사람'을 뜻하는 人(인)과 '굽힘'의 뜻을 나타내는 屈(굴)이 합하여, 사람의 몸을 굽힌 자세에서 일어나는 모양을 나타내어, '굳세다'의 뜻을 나타낸다.						
굳셀 굴	倔						

▶ 한자마법을 따라 써 보세요.

넓게 펴라! 펼 연 演!

한자능력검정시험급수 4급

演

펼, 흐를 연

'당기다'를 뜻하는 寅(인)과 水(수)가 합하여 '물을 잡아 늘이다'의 뜻에서 일반적으로 '사물을 잡아 늘이다'의 뜻을 나타낸다.

水(氵)부의 11획 총 14획

필순 

▶ 올바른 필순에 따라 써 보세요.

엄마, 아빠와 함께 하는 한자 연습장

월 일

아빠 확인 | 엄마 확인

演이 쓰인 낱말

연극(演劇) – 배우가 각본에 따라 어떤 사건의 인물로 분장하여 그에 맞는 언행을 보여 주는 예술
연습(演習) – 실제로 하는 것처럼 하면서 익힘

▶ 演이 쓰인 낱말을 써 보세요.

▶ 다음 한자는 演과 같은 소리를 내는 한자예요.

연 — 燃 탈 **연** — 宴 잔치 **연** — 軟 연할 **연**

燃 탈 **연**

뜻 : 본래 然(연)이 '타다'의 뜻을 가지고 있었지만 '그러나'의 뜻으로 많이 쓰이자 '불'을 나타내는 火(화)를 붙여 그 뜻을 구별하게 되었다.

燃

宴 잔치 **연**

뜻 : '집'을 뜻하는 宀(면)과 '편안함'을 뜻하는 晏(안)이 합하여, '집 안에서 쉬다', '편안하다'를 뜻하며 더 나아가 '잔치'의 뜻을 나타낸다.

宴

軟 연할 **연**

뜻 : 부드럽게 움직이는 수레를 말하여, '부드럽다'의 뜻을 나타낸다.

軟

✩만화 속 한자 찾기 !

★ 만화 속에 숨어 있는 한자를 찾아보세요.

장인 **공** ★ 일 **사** ★ 빛 **색** ★ 망치 **퇴, 추** ★ 쇠 녹일, 거푸집 **용**
던질 **척** ★ 밟을 **답** ★ 붙잡을 **나** ★ 굽힐 **굴** ★ 펼, 흐를 **연**

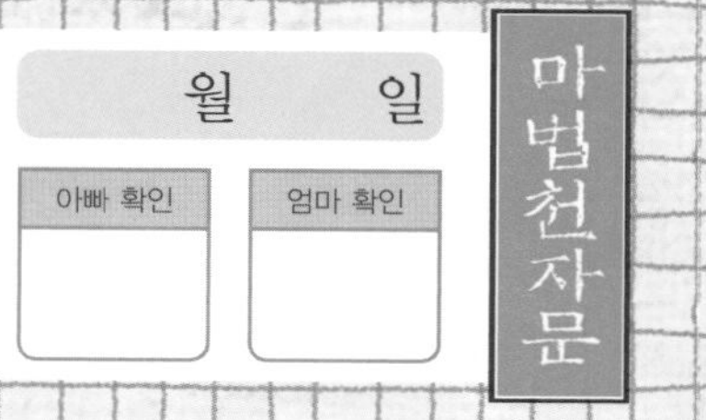

중간평가 1

1. 관계있는 것끼리 이으세요.

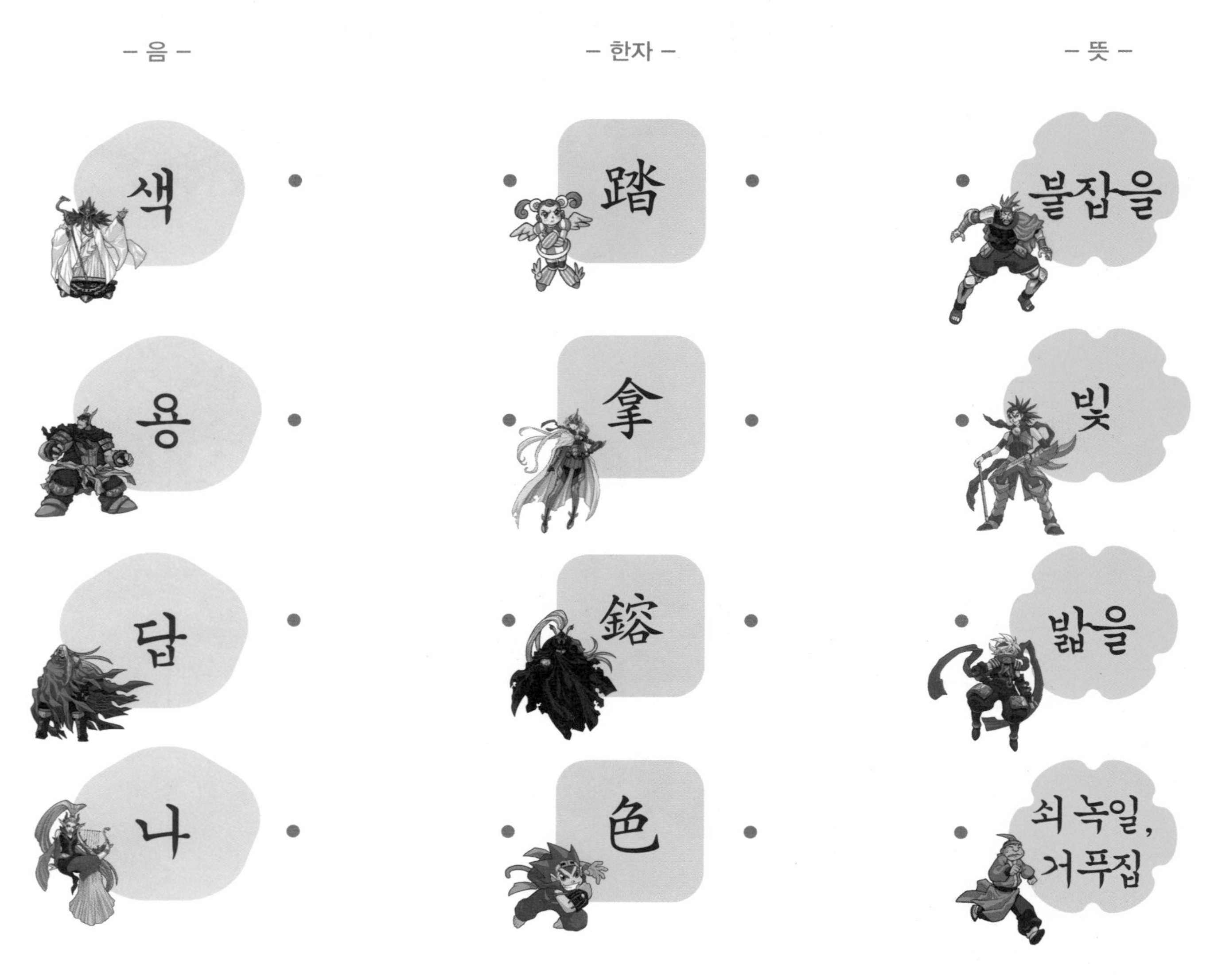

2. 한자와 음이 바르게 짝지어진 것을 골라 'ㅇ'표 해 보세요.

3. 빈칸에 알맞은 한자, 뜻, 소리를 써 넣으세요.

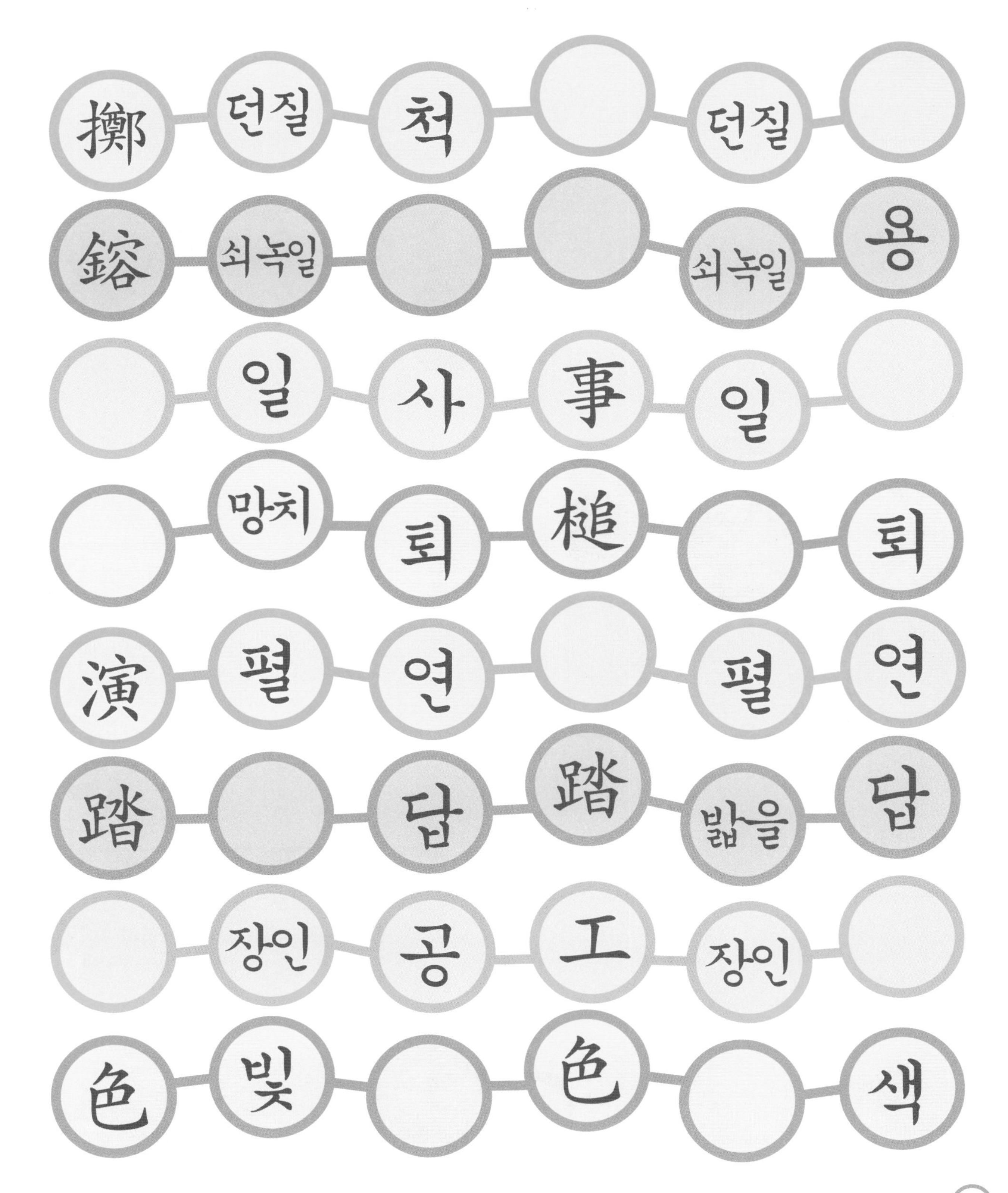

중간평가 1

4. 다음 그림과 한자마법을 읽고 지워진 한자를 찾으세요.

(1) 짓밟아라! 밟을 답 [　　] !

① 索

② 開

③ 踏

④ 地

(2) 던져라! 던질 척 [　　] !

① 擲

② 油

③ 魔

④ 圖

(3) 넓게 펴라! 펼 연 [　　] !

① 演

② 帳

③ 撤

④ 掌

5. 다음 그림과 한자마법을 잘 살펴본 후, 알맞은 마법 주문을 고르세요.

(1) 色

① 줄 생겨라! 악기 줄 현!

② 칠해져라! 빛 색!

③ 끊어라! 끊을 절!

(2) 鎔

① 두려움에 굴하지 않는 마음! 용기 용!

② 떨쳐 내라! 떨칠 진!

③ 녹여라! 쇠 녹일 용!

(3) 拿

① 촘촘한 그물! 그물 나!

② 붙잡아라! 붙잡을 나!

③ 더 멀리 보여 줘! 눈 안!

손오공과 함께 하는 마법 한자 2

★ 한자의 뜻과 소리를 써 보세요.

아뢰라! 예) 아뢸 주

느릿느릿!

끼어라!

환하게 비추어라!

불러라!

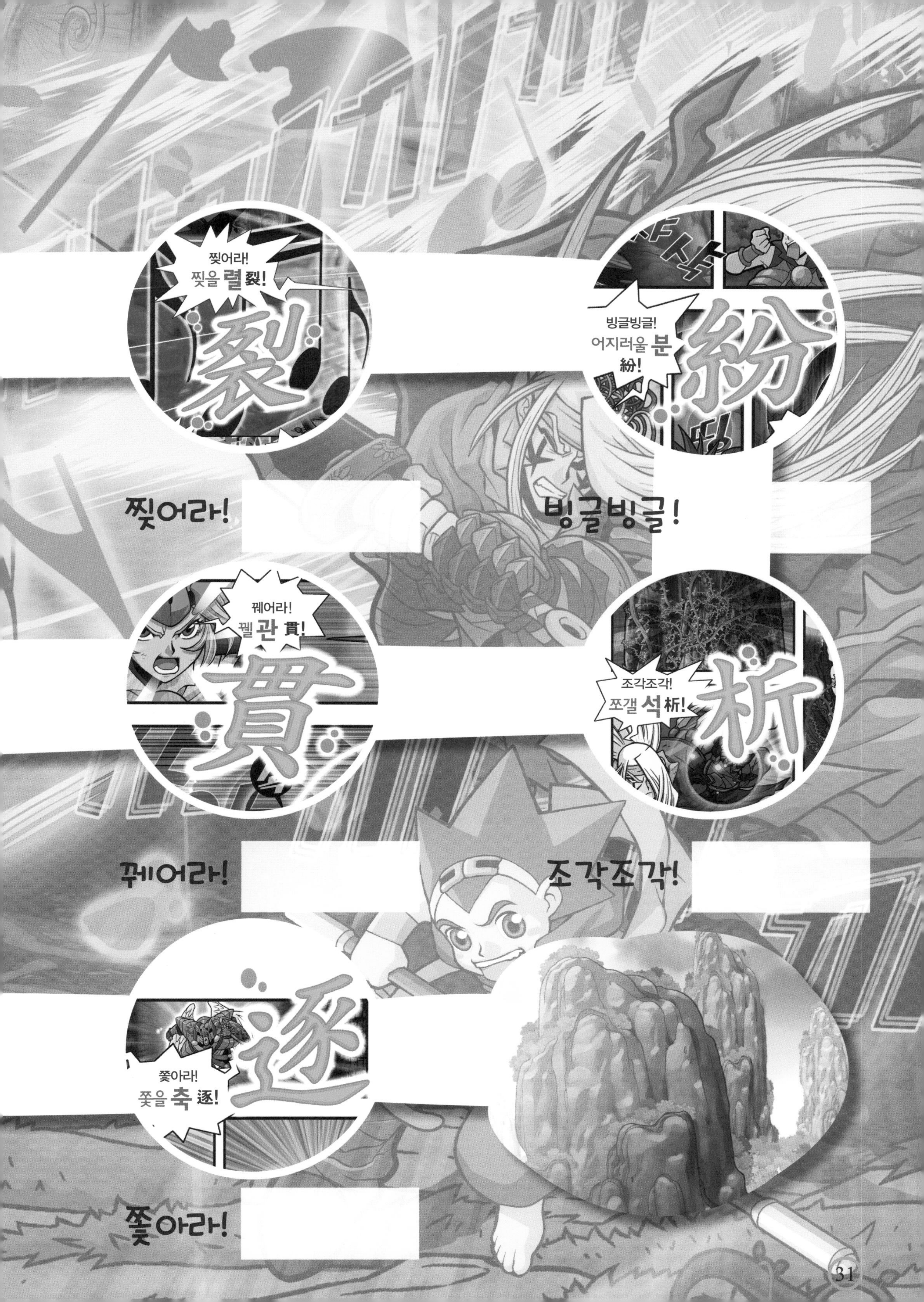
찢어라!
찢을 렬 裂!
裂
빙글빙글!
어지러울 분 紛!
紛
꿰어라!
꿸 관 貫!
貫
조각조각!
쪼갤 석 析!
析
쫓아라!
쫓을 축 逐!
逐
찢어라!
빙글빙글!
꿰어라!
조각조각!
쫓아라!

엄마, 아빠와 함께 하는

한자 연습장

월 일

아빠 확인	엄마 확인

▶ 한자마법을 따라 써 보세요.

아뢰라! 아뢸 주 奏!

한자능력검정시험급수 3급

아뢸 **주**

갈라놓은 짐승을 양손으로 받쳐 권하는 모양을 형상화한 글자로, '권하다', '바치다'의 뜻을 나타낸다.

大부의 6획 총 9획

필순 奏 奏 奏 奏 奏 奏 奏 奏 奏

▶ 올바른 필순에 따라 써 보세요.

奏 아뢸 주	奏	奏	奏	奏	奏	奏	奏	奏
奏								

월 일

아빠 확인	엄마 확인

奏가 쓰인 낱말

주효(奏效) – 효력이 나타남

연주(演奏) – 여러 사람 앞에서 악기를 다루어 음악을 들려줌

▶ 奏가 쓰인 낱말을 써 보세요.

奏效	奏效		
주효			

演奏	演奏		
연주			

▶ 다음 한자는 奏와 같은 소리를 내는 한자예요.

주 – 住 살 주 – 晝 낮 주 – 走 달릴 주

住 살 주	뜻 : '사람'을 뜻하는 人(인)과 '머무르다'를 뜻하는 主(주)가 합하여, 사람이 오랜 시간 동안 '머물다', '살다'의 뜻을 나타낸다. 住
晝 낮 주	뜻 : '해'를 뜻하는 日(일)과 '구획'을 뜻하는 畫(획)이 합하여, 해가 뜨고 질 때까지 태양이 나와 있는 동안으로 구획 지어진 시간, 즉 '낮'의 뜻을 나타낸다. 晝
走 달릴 주	뜻 : 뛰어가는 사람을 나타내는 夭(요)와 발의 모양을 나타내는 止(지)가 합하여 이루어진 글자로, '달리다'라는 뜻을 나타낸다. 走

▶ 한자마법을 따라 써 보세요.

찢어라! 찢을 렬 裂!

한자능력검정시험급수 3급

裂

칼(刂)로 발라낸 뼈(歹)를 나타내는 列(렬)과 '옷'을 뜻하는 衣(의)가 합하여 '의복을 잘라 찢다'의 뜻을 나타낸다.

衣부의 6획 총 12획

찢을 렬

필순 裂 裂 裂 裂 裂 裂 裂 裂 裂 裂 裂 裂

▶ 올바른 필순에 따라 써 보세요.

裂 찢을 렬	裂	裂	裂	裂	裂	裂	裂	裂
裂	裂	裂	裂					

엄마, 아빠와 함께 하는 한자 연습장

월 일

아빠 확인	엄마 확인

마법천자문

裂이 쓰인 낱말

열상(裂傷) – 피부가 찢어져서 생긴 상처

▶ 裂이 쓰인 낱말을 써 보세요.

裂傷	裂傷		
열상			

▶ 다음 한자는 裂과 같은 소리를 내는 한자예요.

렬 — 列 벌일 렬 — 烈 매울 렬 — 劣 못할 렬

列 벌일 렬	뜻 : 刂(도)와 歹(렬)을 합하여 목을 베는 모양에서 '나누다'의 뜻을 나타낸다.
	列

烈 매울 렬	뜻 : 火(화)와 列(렬)을 합하여 '불길이 세차서 물건이 갈라지다'의 뜻을 나타내며, 더 나아가 '격렬하다', '맵다'의 뜻도 나타낸다.
	烈

劣 못할 렬	뜻 : '힘'을 뜻하는 力(력)과 '적다'를 뜻하는 少(소)를 합하여, '힘이 적다'는 뜻에서 '남보다 못하다'의 뜻을 나타낸다.
	劣

엄마, 아빠와 함께 하는 한자 연습장

월 일

아빠 확인	엄마 확인

紛

빙글빙글!
어지러울 분 紛!

▶ 한자마법을 따라 써 보세요.

빙글빙글! 어지러울 분 紛!

한자능력검정시험급수 3급

紛

어지러울 **분**

실을 나타내는 糸(사)와 '갈라지다'는 뜻의 分(분)으로 이루어져, '실이 흩어져 엉클어진다'는 뜻에서 '어지럽다'는 뜻이 나왔다.

糸부의 4획 총 10획

필순 紛 紛 紛 紛 紛 紛 紛 紛 紛 紛

▶ 올바른 필순에 따라 써 보세요.

紛 紛 紛 紛 紛 紛 紛 紛 紛

어지러울 분

紛 紛

紛이 쓰인 낱말

분란(紛亂) – 어수선하고 떠들썩함

분실(紛失) – 자기도 모르는 사이에 물건을 잃어버림

▶ 紛이 쓰인 낱말을 써 보세요.

紛	亂	紛	亂				
분란							

紛	失	紛	失				
분실							

▶ 다음 한자는 紛과 같은 소리를 내는 한자예요.

분 – 分 나눌 분 – 粉 가루 분 – 憤 분할 분

分	뜻 : '칼'을 뜻하는 刀(도)와 '둘로 나누다'라는 뜻의 八(팔)이 합쳐져 '칼로 베어 나누다'의 뜻을 나타낸다.						
나눌 분	分						

粉	뜻 : '쌀'을 의미하는 米(미)와 '가르다'의 뜻인 分(분)이 합해져, 쌀을 빻아 가른 것에서 '가루'의 뜻을 나타낸다.						
가루 분	粉						

憤	뜻 : 心(심)과 '날쌔다'의 의미를 나타내는 賁(분)이 합쳐져, '무엇인가 마음속을 빠르게 뛰돌아 다니다', '화를 내다'의 뜻을 나타낸다.						
분할 분	憤						

▶ 한자마법을 따라 써 보세요.

느릿느릿! 천천히 할 서 徐!

한자능력검정시험급수 3급

徐

천천히 할 서

'안온하다'의 뜻인 余(여)와 '길을 가다'는 뜻의 彳(척)이 결합되어, '안온한 마음으로 가다', '천천히 가다'의 뜻을 나타낸다.

彳부의 7획 총 10획

필순 徐 徐 徐 徐 徐 徐 徐 徐 徐 徐

▶ 올바른 필순에 따라 써 보세요.

徐	徐	徐	徐	徐	徐	徐	徐	徐
천천히 할 서								
徐	徐							

徐가 쓰인 낱말

서라벌(徐羅伐) – 신라의 옛 이름

서행(徐行) – 천천히 감

▶ 徐가 쓰인 낱말을 써 보세요.

徐羅伐	徐羅伐	
서라벌		

徐行	徐行		
서행			

▶ 다음 한자는 徐와 같은 소리를 내는 한자예요.

서 — 書 글 **서** — 西 서녘 **서** — 序 차례 **서**

書 글 **서**	뜻 : '붓'을 뜻하는 聿(율)과 者(자)를 합하여 '사물을 모아 적다'의 뜻을 나타낸다.
	書

西 서녘 **서**	뜻 : 새 둥지를 본뜬 글자로, 해가 질 때 새가 보금자리에 들어간다는 데서 '서쪽'의 뜻을 나타낸다.
	西

序 차례 **서**	뜻 : '건물'을 뜻하는 广(엄)과 '뻗다'를 뜻하는 予(여)가 합하여 '담'을 뜻하며 또는 叙(서)와 통하여 '순서'의 뜻을 나타낸다.
	序

▶ 한자마법을 따라 써 보세요.

끼어라! 낄 협 挾!

한자능력검정시험급수 1급	挾	'끼다'는 뜻의 夾(협)과 手(수)가 결합하여 '손으로 끼다'의 뜻을 나타낸다. 手(扌)부의 7획 총 10획	
	낄 **협**	필순 挾 挾 挾 挾 挾 挾 挾 挾 挾 挾	

▶ 올바른 필순에 따라 써 보세요.

挾	挾	挾	挾	挾	挾	挾	挾	挾
낄 협								
挾	挾							

挾이 쓰인 낱말

협공(挾攻) – 앞뒤 또는 좌우로 양쪽에서 공격함

▶ 挾이 쓰인 낱말을 써 보세요.

挾	攻	挾	攻				
협	공						

▶ 다음 한자는 挾과 같은 소리를 내는 한자예요.

협 – 協 협력할 **협** – 脅 위협할, 겨드랑이 **협** – 峽 골짜기 **협**

協 협력할 **협**

뜻 : 많음을 의미하는 十(십)과 힘을 합한다는 뜻인 劦(협)이 합쳐져, 여러 사람의 힘을 합한다는 의미에서 '협력하다'라는 뜻을 나타낸다.

協						

脅 위협할, 겨드랑이 **협**

뜻 : 月(육)과 '합하다'의 뜻을 나타내는 劦(협)이 합쳐져, 팔과 몸통 사이인 '겨드랑이에 끼다', '겨드랑이'를 나타내며 또는 劫(겁)과 통하여 '겁주다', '으르다'의 뜻도 나타낸다.

脅						

峽 골짜기 **협**

뜻 : 山(산)과 '양쪽에서 끼다'를 뜻하는 夾(협)을 합하여, 두 산이 끼고 있는 물이 흐르는 길을 나타내며 '골짜기'를 뜻한다.

峽						

▶ 한자마법을 따라 써 보세요.

꿰어라! 꿸 관 貫!

한자능력검정시험급수 3급	貫	물건을 꿰고 있는 모습을 형상화한 뜻의 毌(관)과 '돈'을 뜻하는 貝(패)가 합하여 '꿰미에 꿴 돈', '꿰다'의 뜻을 나타낸다. *'꿰미'는 물건을 꿰는 데 쓰는 꼬챙이나 끈을 말한다. 貝부의 4획 총 11획	
	꿸 관	필순 貫 貫 貫 貫 貫 貫 貫 貫 貫 貫 貫	

▶ 올바른 필순에 따라 써 보세요.

貫
꿸 관

貫이 쓰인 낱말

관철(貫徹) – 처음부터 끝까지 일관함
관통(貫通) – 꿰뚫음

▶ 貫이 쓰인 낱말을 써 보세요.

貫徹	貫徹		
관철			

貫通	貫通		
관통			

▶ 다음 한자는 貫과 같은 소리를 내는 한자예요.

관 – 觀 볼 관 – 館 집 관 – 寬 너그러울 관

觀 볼 관	뜻 : 야간에는 잘 보는 새인 雚(관)과 見(견)이 합쳐져, '자세히 보다'의 뜻을 나타낸다.
	觀

館 집 관	뜻 : 食(식)과 官(관)이 합하여 장기 체재자에게 식사를 제공하는 장소를 뜻하며, '숙박소', '저택'의 뜻을 나타낸다.
	館

寬 너그러울 관	뜻 : '집'을 뜻하는 宀(면)과 萈(관)이 합하여 집 안에서 사람이 편히 눕는 모양에서 '편히 쉬다'의 뜻을 나타낸다.
	寬

▶ 한자마법을 따라 써 보세요.

조각조각! 쪼갤 석 析!

한자능력검정시험급수 3급	析	'도끼'를 뜻하는 斤(근)과 '나무'를 뜻하는 木(목)이 합하여 '도끼로 나무를 쪼개다', '패다'의 뜻을 나타낸다. 木부의 4획 총 8획	
	쪼갤, 가를 **석**	**필순** 析 析 析 析 析 析 析 析	

▶ 올바른 필순에 따라 써 보세요.

析	析	析	析	析	析	析	析	析
쪼갤, 가를 석								

析이 쓰인 낱말

분석(分析) – 얽혀 있거나 복잡한 것을 풀어서 개별적인 요소나 성질로 나눔

석출(析出) – 분석하여 냄

▶ 析이 쓰인 낱말을 써 보세요.

分 析	分 析		
분석			

分 出	分 出		
석출			

▶ 다음 한자는 析과 같은 소리를 내는 한자예요.

석 – 夕 저녁 **석** – 石 돌 **석** – 席 자리 **석**

夕	뜻 : 달이 반쯤 보이는 모양을 본떠 '저녁'의 뜻을 나타낸다.						
저녁 **석**	夕						

石	뜻 : 언덕 밑에 뒹굴고 있는 작은 돌덩이가 놓여 있는 모습을 본뜬 글자로 '여러 가지 종류의 돌'이나 '광물'을 뜻한다.						
돌 **석**	石						

席	뜻 : 언덕 밑에 깐 돗자리의 모습과 '수건'을 뜻하는 巾(건)이 합하여 이루어진 글자로, '자리'를 나타낸다.						
자리 **석**	席						

엄마, 아빠와 함께 하는 한자 연습장

월 일

아빠 확인	엄마 확인

환하게 비추어라! 비출 조 照!

▶ 한자마법을 따라 써 보세요.

환하게 비추어라! 비출 조 照!

한자능력검정시험급수 3급

비출 조

'밝음'을 뜻하는 昭(소)와 '불'을 뜻하는 灬(연화발)이 합하여 '불로 밝게 하다', '비추다'의 뜻을 나타낸다.

火(灬)부의 9획 총 13획

필순 照 照 照 照 照 照 照 照 照 照 照 照 照

▶ 올바른 필순에 따라 써 보세요.

照	照	照	照	照	照	照	照	照
비출 조								
照	照	照	照	照				

엄마, 아빠와 함께 하는
한자 연습장

월 일

아빠 확인	엄마 확인

照가 쓰인 낱말

조명(照明) – 밝게 비춤. 무대에 빛을 비추는 일
조준(照準) – 총이나 포 따위를 쏠 때 목표물을 향해 방향과 거리를 잡음

▶ 照가 쓰인 낱말을 써 보세요.

照明	照明		
조명			

照準	照準		
조준			

▶ 다음 한자는 照와 같은 소리를 내는 한자예요.

조 – 朝 아침 **조** – 助 도울 **조** – 鳥 새 **조**

朝 아침 **조**	뜻 : '달'을 뜻하는 月(월)을 더하여, 달이 지면 날이 밝아 온다는 뜻으로 '아침'을 나타낸다.
	朝
助 도울 **조**	뜻 : '힘'을 뜻하는 力(력)과 '겹치다', '포개어 쌓다'를 뜻하는 且(조)를 합하여 '힘을 포개어 합쳐서 사람을 돕다'의 뜻을 나타낸다.
	助
鳥 새 **조**	뜻 : 새 모양을 본떠 '새'의 뜻을 나타낸다.
	鳥

엄마, 아빠와 함께 하는

한자 연습장

월 일

아빠 확인	엄마 확인

마법천자문

▶ 한자마법을 따라 써 보세요.

불러라! 부를 초 招!

한자능력검정시험급수 4급

부를 초

'입으로 부르다'의 뜻인 召(소)에 손을 뜻하는 手(수)를 더하여, '손짓하여 부르다'의 뜻을 나타낸다.

手(扌)부의 5획 총 8획

필순 招 招 招 招 招 招 招 招

▶ 올바른 필순에 따라 써 보세요.

招	招	招	招	招	招	招	招	招
부를 초								

招가 쓰인 낱말

초래(招來) – 어떤 결과를 가져오게 하거나 불러서 오게 하는 것
초인종(招人鐘) – 사람을 부르는 신호로 울리는 종

▶ 招가 쓰인 낱말을 써 보세요.

招	來	招	來				
초래							

招	人	鐘	招	人	鐘			
초인종								

▶ 다음 한자는 招와 같은 소리를 내는 한자예요.

초 — 草 풀 초 — 初 처음 초 — 超 뛰어넘을 초

草 풀 초	뜻 : '풀'을 의미하는 艸(초)와 소리를 나타내는 早(조)를 합하여 '풀'을 뜻한다.						
	草						

初 처음 초	뜻 : '옷'을 뜻하는 衣(의)와 '칼'을 뜻하는 刀(도)를 합하여 '칼로 옷을 만들기 위해 마르다'의 뜻으로, 그것이 옷을 만드는 첫 단계인 데서 '처음'을 뜻한다.						
	初						

超 뛰어넘을 초	뜻 : '뛰어오르다'를 뜻하는 召(소)에 '달리다'라는 뜻의 走(주)를 덧붙여 '뛰어넘다'의 뜻을 나타낸다.						
	超						

▶ 한자마법을 따라 써 보세요.

쫓아라! 쫓을 축 逐!

한자능력검정시험급수 3급

逐

쫓을 **축**

'쫓다'를 뜻하는 辵(착)과 돼지를 뜻하는 豕(시)가 합하여 산돼지를 쫓는 모양에서 '쫓다'의 뜻을 나타낸다.

辵(辶)부의 7획 총 11획

필순 逐 逐 逐 逐 逐 逐 逐 逐 逐 逐 逐

▶ 올바른 필순에 따라 써 보세요.

逐 쫓을 축	逐	逐	逐	逐	逐	逐	逐	逐
逐	逐	逐						

엄마, 아빠와 함께 하는
한자 연습장

월 일

아빠 확인	엄마 확인

逐이 쓰인 낱말

축출(逐出) – 쫓아내거나 몰아냄

▶ 逐이 쓰인 낱말을 써 보세요.

逐出	逐出		
축출			

▶ 다음 한자는 逐과 같은 소리를 내는 한자예요.

축 — 祝 빌, 축하할 **축** — 縮 줄일 **축** — 蹴 찰 **축**

祝 빌, 축하할 **축**	뜻 : 제단을 나타내는 示(시), 기도하는 말을 의미하는 口(구)와 사람이 무릎을 꿇은 모양을 나타내는 儿(인)이 합해져, '빌다', '축하하다'의 뜻을 나타낸다. 祝
縮 줄일 **축**	뜻 : '실'을 뜻하는 糸(사)와 宿(축)이 합하여, '실' 또는 직물이 짧고, 작아지는 일의 뜻을 나타낸다. 縮
蹴 찰 **축**	뜻 : '높은 곳으로 나아가다'의 뜻의 就(취)에 足(족)을 더하여, '어떤 것에 발을 가까이 가져가다'의 뜻에서 '차다', '밟다'의 의미를 지닌다. 蹴

만화 속 한자 찾기 2

★ 만화 속에 숨어 있는 한자를 찾아보세요.

아뢸 주 ★ 찢을 렬 ★ 어지러울 분 ★ 천천히 할 서 ★ 낄 협
꿸 관 ★ 쪼갤, 가를 석 ★ 비출 조 ★ 부를 초 ★ 쫓을 축

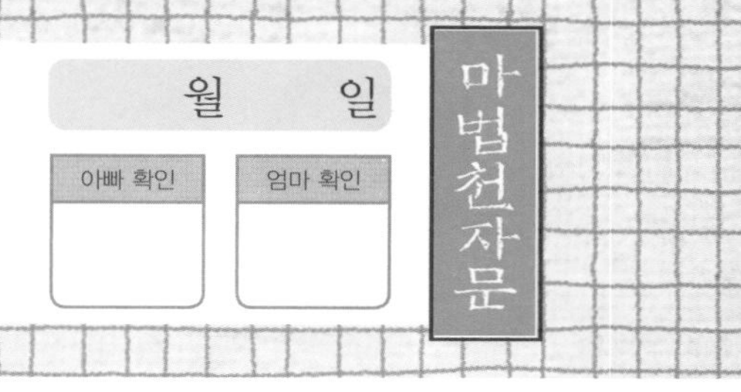

중간평가 2

1. 관계있는 것끼리 이으세요.

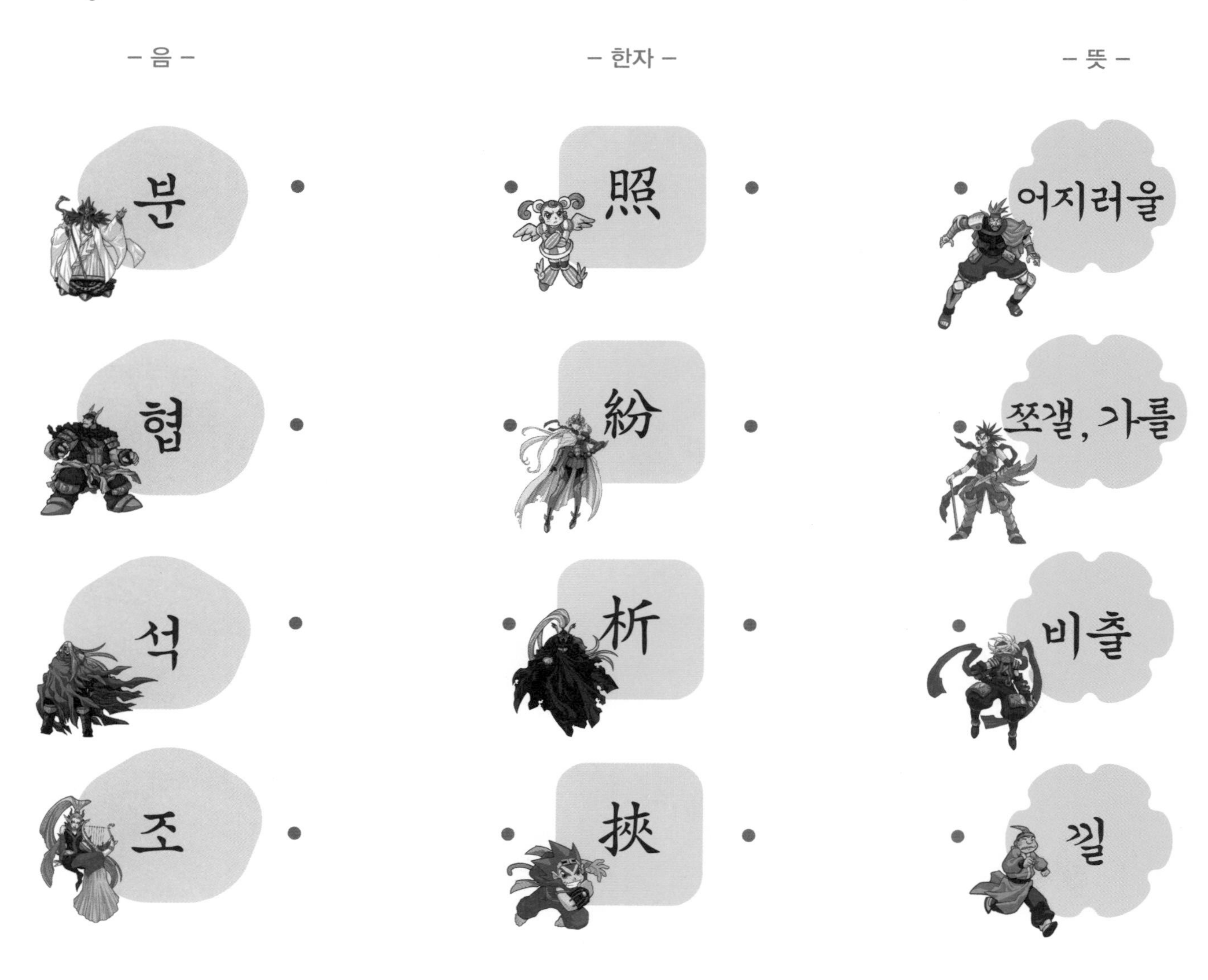

2. 한자와 음이 바르게 짝지어진 것을 골라 'ㅇ'표 해 보세요.

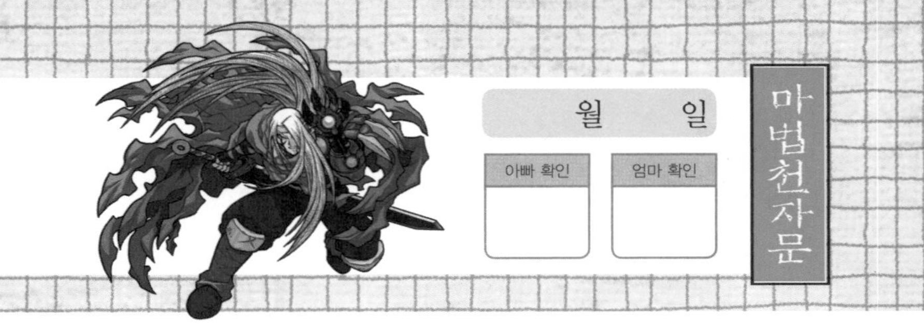

3. 빈칸에 알맞은 한자, 뜻, 소리를 써 넣으세요.

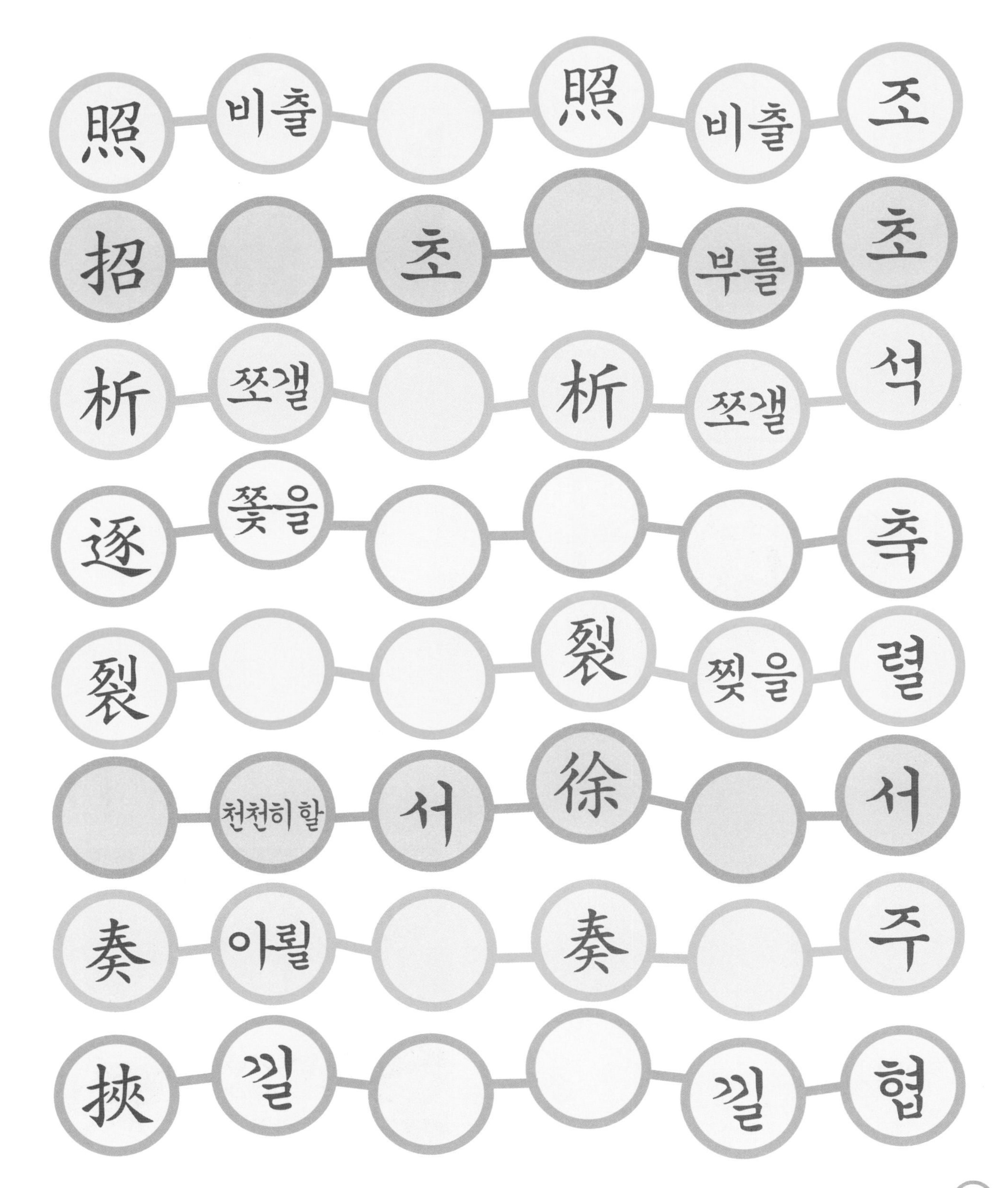

중간평가 2

4. 다음 그림과 한자마법을 읽고 지워진 한자를 찾으세요.

(1) 조각조각! 쪼갤 석 [ ] !

① 析

② 收

③ 示

④ 猛

(2) 찢어라! 찢을 렬 [ ] !

① 撤

② 列

③ 裂

④ 劣

(3) 아뢰라! 아뢸 주 [ ] !

① 走

② 奏

③ 把

④ 住

5. 다음 그림과 한자마법을 잘 살펴본 후, 알맞은 마법 주문을 고르세요.

(1) 逐

① 강철처럼 굳세게! 강철 강!

② 쫓아라! 쫓을 축!

③ 빨리빨리! 빠를 신!

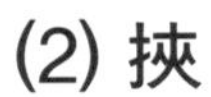

(2) 挾

① 단단히 잡아라! 잡을 구!

② 끼어라! 낄 협!

③ 몽땅 버려라! 버릴 기!

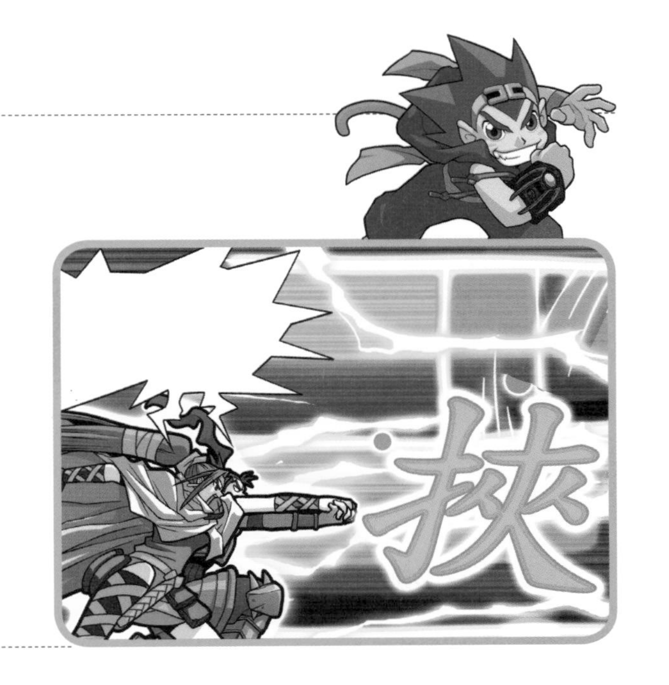

(3) 貫

① 빠져나갈 곳 없이! 에워쌀 위!

② 이겨라! 이길 극!

③ 꿰어라! 꿸 관!

최종 형성평가

1. 다음 한자의 음과 훈을 쓰세요.

(1) 짓밟아라! 밟을 답! •	• 紛
(2) 환하게 비추어라! 비출 조! •	• 招
(3) 조각조각! 쪼갤 석! •	• 析
(4) 끼어라! 낄 협! •	• 演
(5) 빙글빙글! 어지러울 분! •	• 奏
(6) 불러라! 부를 초! •	• 徐
(7) 넓게 펴라! 펼 연! •	• 踏
(8) 찢어라! 찢을 렬! •	• 照
(9) 아뢰라! 아뢸 주! •	• 挾
(10) 느릿느릿! 천천히 할 서! •	• 裂

2. 다음의 한자어를 우리말로 바꿔보세요.

(1) 分析 ( )	(2) 徐行 ( )	(3) 裂傷 ( )
(4) 演奏 ( )	(5) 演習 ( )	(6) 貫通 ( )
(7) 工事 ( )	(8) 鐵槌 ( )	(9) 屈曲 ( )
(10) 投擲 ( )	(11) 拿捕 ( )	(12) 色色 ( )

3. 빈칸에 들어갈 알맞은 한자를 선택하여 쓰세요.

보기 演奏 屈服 裂傷 照明

(1) 오공은 마을을 지키려다가 온몸에 ______을 입고 말았다.

(2) 삼장의 교만지왕의 악마화 마법에 ______하지 않았다.

(3) 나르디가 깊이 잠든 오공을 깨우기 위해 심벌즈로 ______를 했다.

(4) 미스터맵의 눈에서 무대 ______처럼 밝은 빛이 뿜어져 나왔다.

4. 다음 한자와 음이 같은 한자를 선택하세요.

徐 ① 羅 ② 西 ③ 鎔 ④ 弓

照 ① 火 ② 死 ③ 齒 ④ 鳥

事 ① 擲 ② 絲 ③ 水 ④ 味

工 ① 羅 ② 攻 ③ 家 ④ 小

5. 다음 한자어를 바르게 읽은 것에 'ㅇ'표 해 보세요.

(1) 鎔解 (용해, 용사)

(2) 鐵槌 (철퇴, 후퇴)

(3) 事件 (사례, 사건)

(4) 色素 (색소, 색맹)

(5) 踏襲 (답습, 답사)

(6) 徐行 (서사, 서행)

(7) 貫通 (관중, 관통)

(8) 照準 (조준, 조사)

최종 형성평가

6. 다음은 한자의 음과 훈, 획수, 부수 등을 정리한 표입니다. 아래 〈보기〉를 보고 빈칸을 채워 보세요.

보기 色 6 나 手 장인 拿 工

한자	뜻	음	획순	부수
	붙잡을		10	
		공	3	工
色	빛	색		

7. 다음은 逐과 관련된 설명이에요. <u>틀리게</u> 말한 사람은 누구일까요? (　　　　)

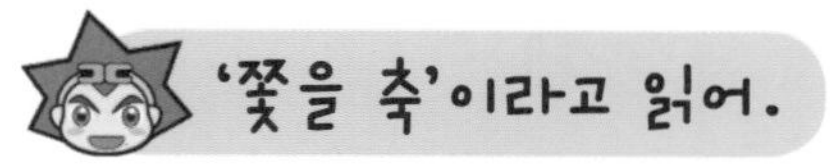

총 11획으로 쓸 수 있어.

8. 다음은 照와 관련된 설명이에요. 바르게 말한 사람은 누구일까요? (　　　　)

총 12획으로 쓸 수 있지.

9. 다음 한자의 부수를 써 보세요.

(1) 貫 (　　　　　)　(2) 奏 (　　　　　)

(3) 屈 (　　　　　)　(4) 工 (　　　　　)

(5) 踏 (　　　　　)　(6) 事 (　　　　　)

(7) 裂 (　　　　　)　(8) 槌 (　　　　　)

10. 다음 한자어의 뜻을 써 보세요.

(1) 色色 :

(2) 演劇 :

(3) 屈曲 :

(4) 紛失 :

11. 빈칸에 들어갈 한자를 찾아보세요.

(1) 工 (　　　　)

① 氣　② 止　③ 事　④ 文

Hint : 건축·제작 등에 관한 뜻을 나타내요.

(2) 逐 (　　　　)

① 出　② 防　③ 霧　④ 鎭

Hint : '쫓아내거나 몰다내다'라는 뜻을 나타내요.

(3) 招 (　　　　)

① 要　② 擊　③ 入　④ 來

Hint : '어떠한 결과를 가져오다'라는 뜻을 나타내요.

(4) 鎔 (　　　　)

① 絃　② 安　③ 解　④ 切

Hint : '금속을 녹이다'라는 뜻을 나타내요.

답안지

중간평가 1 26~29쪽

1. 관계있는 것끼리 이으세요.

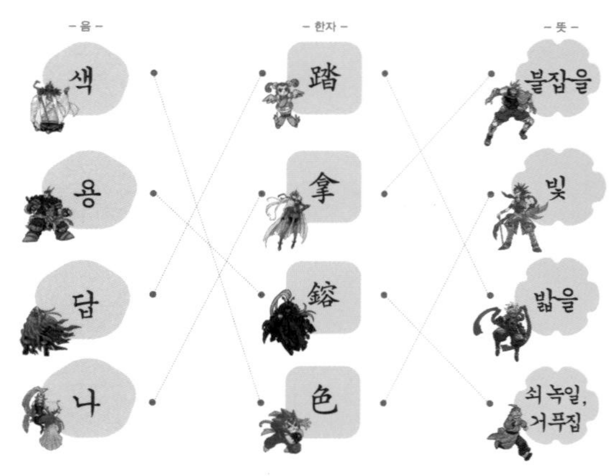

2. 한자와 음이 바르게 짝지어진 것을 골라 'ㅇ'표 해 보세요.

3. 빈칸에 알맞은 한자, 뜻, 소리를 써 넣으세요.

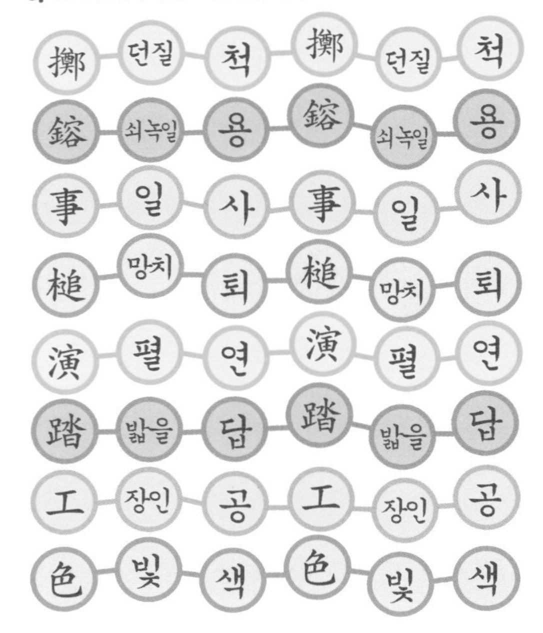

4. (1) ③ 踏 (2) ① 擲 (3) ① 演

5. (1) ② 칠해져라! 빛 색!
(2) ③ 녹여라! 쇠 녹일 용!
(3) ② 붙잡아라! 붙잡을 나!

중간평가 2 54~57쪽

1. 관계있는 것끼리 이으세요.

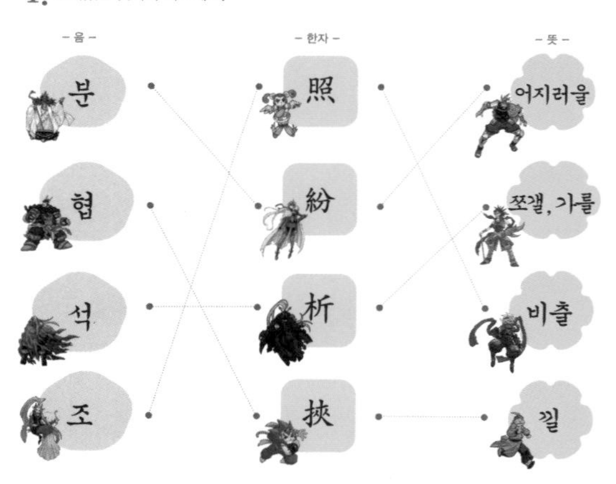

2. 한자와 음이 바르게 짝지어진 것을 골라 'ㅇ'표 해 보세요.

3. 빈칸에 알맞은 한자, 뜻, 소리를 써 넣으세요

4. (1) ① 析 (2) ③ 烈 (3) ② 奏

5. (1) ② 쫓아라! 쫓을 축!
(2) ② 끼어라! 낄 협!
(3) ③ 꿰어라! 꿸 관!

최종 형성평가 58~61쪽

1. (1) 짓밟아라! 밟을 답! · · 紛
(2) 환하게 비추어라! 비출 조! · · 招
(3) 조각조각! 쪼갤 석! · · 析
(4) 끼어라! 낄 협! · · 演
(5) 빙글빙글! 어지러울 분! · · 奏
(6) 불러라! 부를 초! · · 徐
(7) 넓게 펴라! 펼 연! · · 踏
(8) 찢어라! 찢을 렬! · · 照
(9) 아뢰라! 아뢸 주! · · 挾
(10) 느릿느릿! 천천히 할 서! · · 裂

2. (1) 분석 (2) 서행 (3) 열상 (4) 연주 (5) 연습 (6) 관통
(7) 공사 (8) 철퇴 (9) 굴곡 (10) 투척 (11) 나포 (12) 색색

3. (1) 裂傷 (2) 屈服 (3) 演奏 (4) 照明

4. (1) ② 西 (2) ④ 鳥 (3) ② 絲 (4) ② 攻

5. (1) 鎔解 (용해, 용사)
(2) 鐵槌 (철퇴, 후퇴)
(3) 事件 (사례, 사건)
(4) 色素 (색소, 색맹)
(5) 踏襲 (답습, 답사)
(6) 徐行 (서사, 서행)
(7) 貫通 (관중, 관통)
(8) 照準 (조준, 조사)

6.

한자	뜻	음	획순	부수
拿	붙잡을	나	10	手
工	장인	공	3	工
色	빛	색	6	色

7. 逐의 부수는 辵(辶)

8. 이 한자의 부수는 火야.

해설

照: 비출 조

照는 총 13획

 照는 '불로 밝게 하다', '비추다'를 뜻함

9. (1) 貝 (2) 大 (3) 尸 (4) 工
(5) 足 (6) 亅 (7) 衣 (8) 木

10. (1) 여러 가지 색깔을 이르는 말
(2) 여러 사람 앞에서 악기를 다루어 음악을 들려줌
(3) 이리저리 굽어 꺾여 있음
(4) 자기도 모르는 사이에 물건을 잃어버림

11. (1) ③ 事 (2) ① 出 (3) ④ 來 (4) ③ 解

한자연습장으로 한자를 모두 익힌 뒤 엄마, 아빠에게 자랑해 봐!

삼장과 함께 하는 마법 한자 빙고 한 판!

27권에 나온 마법 한자들이 아래에 있어요. 한자마법을 외치며 빙고판을 완성해 보세요!
직선 혹은 대각선으로 3개 이상 선을 만들면 빙고 성공!

工	事	色	槌	鎔	擲	踏	拿	屈	演
奏	裂	紛	徐	挾	貫	析	照	招	逐